D1211226

L'EUCHARISTIE

DON DE DIEU POUR LA VIE DU MONDE

Document théologique de base
pour le 49ᵉ Congrès eucharistique international

En accord avec les statuts du Comité pontifical
pour les Congrès eucharistiques internationaux

 ANNE SIGIER

1073, boul. René-Lévesque Ouest • Québec Canada • G I S 4R5 • (4 I 8) 687-6086

Dépôt légal : Bibliothèque et Archives nationales du Québec, 2006
Bibliothèque et Archives Canada, 2006

ISBN 978-2-89129-522-2

Imprimé au Canada

www.annesigier.qc.ca

INVITATION

C'est l'eucharistie, présence et don du Christ au monde, qui sera au cœur du grand rassemblement des catholiques de tous les continents à Québec, du 15 au 22 juin 2008, pour le 49ᵉ Congrès eucharistique international.

En tant qu'archevêque de Québec et primat du Canada, je suis heureux de souhaiter la bienvenue à tous ceux et celles qui viendront vivre cet événement d'Église autour de la prière, du partage et de la communion.

C'est le pape Jean-Paul II qui a choisi Québec comme terre d'accueil pour ce Congrès eucharistique. Nous lui en sommes très reconnaissants.

La ville de Québec occupe une place singulière en Amérique du Nord à cause du rôle de premier plan qu'elle a joué dans l'exploration du continent et dans la première annonce de l'Évangile aux nations autochtones. Québec compte aujourd'hui près d'un demi-million d'habitants et reçoit chaque année des milliers de visiteurs attirés par son site grandiose et par son architecture originale, qui lui valent d'appartenir au patrimoine mondial protégé par l'UNESCO. L'année 2008 marquera le 400ᵉ anniversaire de sa fondation.

Au début du troisième millénaire du christianisme, l'Église catholique, consciente du phénomène de la globalisation, s'intéresse à tout ce qui peut promouvoir une civilisation de l'amour et de la paix. Elle puise à la source de la sainte eucharistie l'inspiration et l'énergie qui stimulent l'engagement de tous dans la construction d'un monde plus juste et fraternel. D'où le thème choisi pour ce congrès : *L'eucharistie, don de Dieu pour la vie du monde*. Ce thème est développé dans le document théologique de base que j'ai l'honneur de présenter au public après son approbation par le Comité pontifical des congrès eucharistiques internationaux.

Cet exposé développe quelques aspects de la doctrine eucharistique, et principalement celui du mémorial du mystère pascal du Christ : il est important de raviver la mémoire des origines chrétiennes du continent afin d'actualiser et de transmettre les valeurs de l'évangile et l'importance de l'eucharistie dans notre monde aujourd'hui, sans oublier le lavement des pieds, qui rappelle la dignité de toute personne, et la parole qui, si elle est entendue, peut changer le monde : « Aimez-vous les uns les autres comme je vous ai aimés. »

Je remercie l'équipe de théologiens, exégètes et catéchètes qui ont collaboré généreusement à la préparation de ce texte de base sous la présidence de

S. E. Mgr Pierre-André Fournier, assisté de Mgr Jean Picher, secrétaire général du Congrès, et de sœur Doris Lamontagne, p.f.m., secrétaire générale adjointe. Des homélies et des catéchèses inspirées de ce texte aideront à la préparation spirituelle des délégués et animeront la prière des nombreuses personnes qui se joindront spirituellement à la célébration de ce Congrès.

L'archidiocèse de Québec accueillera chaleureusement les visiteurs et les fidèles qui participeront à cet événement dans un esprit œcuménique et dans le respect de toutes les autres formes de croyance. Consciente de ses faiblesses mais forte de la fidélité de Dieu, l'Église de Québec est fière de présenter à l'Église universelle une histoire de sainteté que le pape Jean-Paul II a promue pendant son pontificat en béatifiant ou canonisant 14 figures éminentes de chez nous.

Que la célébration de ce Congrès international, en union profonde avec Sa Sainteté Benoît XVI et en communion avec Marie, la mère de Dieu, apporte à chaque personne, en Église, un regain d'espérance et une conscience plus vive du don de Dieu pour la vie du monde.

Marc Cardinal Ouellet
Archevêque de Québec
Primat du Canada

Faire mémoire de Dieu aujourd'hui

Le Congrès eucharistique international de juin 2008 à Québec offrira à l'Église locale et à l'Église universelle un temps fort de prière et de réflexion pour célébrer le don de la sainte eucharistie. Quarante-neuvième édition d'une série de congrès qui ont marqué la vie de l'Église depuis plus d'un siècle, le Congrès de Québec coïncidera avec le 400e anniversaire de fondation de la première ville française en Amérique du Nord, appelée à devenir au XVIIe siècle un relais missionnaire important pour l'ensemble du continent.

Le Congrès eucharistique sera une *Statio Orbis*, expression qui signifie une célébration de l'Église universelle à l'invitation de l'Église locale de Québec, pour faire mémoire du don de Dieu qu'est l'eucharistie offert à toute l'humanité. La ville de Québec, avec sa devise: «Don de Dieu, feray valoir», est au cœur de l'histoire d'un peuple dont la devise proclame: «Je me souviens.» Cette devise rappelle la parole que Jésus a laissée à ses apôtres à la dernière Cène : « Faites cela en mémoire de moi. »

L'eucharistie fait mémoire de la Pâque du Seigneur, elle en est le « mémorial », au sens biblique de ce terme qui signifie non seulement *souvenir* mais *présence* de l'événement salvifique. Le Congrès eucharistique fournira une occasion privilégiée de rendre hommage à ce don de Dieu au cœur de la vie chrétienne et de se souvenir des racines chrétiennes de beaucoup de pays en attente d'une nouvelle évangélisation. L'eucharistie a nourri l'annonce de l'Évangile et la rencontre des civilisations européenne et autochtone sur ce continent. Elle demeure encore aujourd'hui un ferment de culture et un gage d'espérance pour l'avenir du monde en voie de globalisation.

L'aspiration du monde à la liberté de l'amour

Le thème central du Congrès, approuvé par le pape Benoît XVI, est : *L'eucharistie, don de Dieu pour la vie du monde.* Il est particulièrement important aujourd'hui de faire mémoire du don de Dieu, car le monde actuel connaît, au milieu de progrès techniques remarquables, notamment dans le domaine des communications, un vide intérieur dramatique vécu comme une absence de Dieu. Fasciné par ses

propres performances créatrices, l'homme contem-
porain tend en effet à oublier son Créateur et à se
poser comme l'unique maître de sa propre destinée.

Cette tentation de se substituer à Dieu n'annule
toutefois pas l'aspiration à l'infini qui l'habite et les
valeurs authentiques qu'il s'efforce de cultiver, même
si elles comportent des risques de déviation. L'estime
de la liberté, le souci de l'égalité, l'idéal de la solidarité, l'ouverture à la communication sans frontières,
la capacité technique et la protection de l'environ-
nement sont des valeurs indéniables qui suscitent
l'admiration, font honneur au monde actuel et por-
tent des fruits de justice et de fraternité.

Le drame d'un humanisme qui a oublié Dieu

Par ailleurs, l'oubli du Créateur risque d'enfermer
l'homme en lui-même, dans un égocentrisme qui
engendre une incapacité d'aimer et de s'engager de
façon durable, entraînant une frustration croissante
de l'aspiration universelle à l'amour et à la liberté.
Car l'homme, créé à l'image de Dieu et pour la communion avec Lui, « ne peut pleinement se trouver que
par le don désintéressé de lui-même [1] ». L'épanouis-

---

1. Concile Vatican II, Constitution pastorale *Gaudium et Spes*, n. 24.

sement de sa personne passe par ce don de lui-même qui signifie ouverture à l'autre, accueil et respect de la vie.

Mais l'être humain d'aujourd'hui repousse sans cesse les limites posées à sa maîtrise de la transmission et de la fin de la vie. La mainmise incontrôlée sur ce pouvoir de vie et de mort, bien que techniquement possible, menace dangereusement l'être humain lui-même. Car, selon la forte expression du pape Jean-Paul II, une « culture de mort » s'impose dans beaucoup de sociétés sécularisées. La mort de Dieu dans la culture entraîne presque inévitablement la mort de l'être humain, que l'on constate non seulement dans des courants de pensée nihilistes, mais surtout dans des rapports conflictuels et des phénomènes de rupture qui se multiplient à tous les niveaux de l'expérience humaine, perturbant le mariage et la famille, multipliant les conflits ethniques et sociaux et augmentant l'écart entre les riches et l'immense majorité des pauvres.

Malgré la conscience plus affinée de la dignité de l'être humain et de ses droits, on voit se multiplier la violation de ces droits un peu partout sur la planète, des armes de destruction massive s'accumulent, contredisant les discours de paix, une concentration croissante des biens matériels dans peu de mains hypothèque le phénomène de la globalisation, pendant que les besoins fondamentaux des masses de pauvres sont honteusement ignorés. La paix du monde est minée par l'injustice et la misère, et le terrorisme devient de plus en plus l'arme des désespérés.

Sur le plan religieux, l'être humain d'aujourd'hui ne se veut plus soumis comme autrefois à une autorité qui lui dicte sa conduite. Il est confronté par la circulation de l'information à la multitude des croyances et à la difficulté croissante de transmettre aux nouvelles générations l'héritage reçu de sa propre tradition religieuse. La foi chrétienne ne fait pas exception, d'autant plus que sa transmission repose sur une révélation qui échappe à la mesure de la raison. Jaloux du bien précieux qu'est sa propre liberté, l'être humain élabore sa propre spiritualité détachée de la religion, cédant ainsi parfois au penchant excessivement individualiste des cultures démocratiques contemporaines.

La sainte eucharistie contient l'essentiel de la réponse chrétienne au drame d'un humanisme qui a perdu sa référence constitutive au Dieu créateur et sauveur.

Elle est la mémoire de Dieu en acte de salut. Mémorial de la mort et de la résurrection de Jésus

Christ, elle porte au monde l'Évangile de la paix définitive, qui demeure toutefois un objet d'espérance dans la vie présente. En célébrant la sainte eucharistie, au nom de toute l'humanité rachetée par Jésus Christ, l'Église accueille le don de Dieu qui lui a été promis : « L'Esprit Saint que le Père enverra en mon nom vous enseignera toutes choses et vous fera ressouvenir de tout ce que je vous ai dit » (Jn 14,26). C'est Dieu lui-même en définitive qui se souvient de son alliance avec l'humanité et qui se donne en nourriture de vie éternelle. « Il se souvient de son amour », chante la Vierge Marie dans son *Magnificat* (Lc 1,54).

PREMIÈRE PARTIE

La sainte eucharistie, don de Dieu

I- L'eucharistie, don de Dieu par excellence

A. Au centre et au sommet de l'histoire du salut

Une nouvelle alliance

« L'Église a reçu l'eucharistie du Christ son Seigneur non comme un don, pour précieux qu'il soit parmi bien d'autres, mais comme le *don par excellence,* car il est le don de lui-même, de sa personne dans sa sainte humanité, et de son œuvre de salut[2]. »

Le serviteur de Dieu Jean-Paul II a conclu et couronné son long pontificat pendant *l'année de l'eucharistie* qu'il avait instaurée à la suite de son encyclique *Ecclesia de Eucharistia.* Il voulait raviver dans le cœur de l'Église l'admiration pour le *don par excellence* de la sainte eucharistie et susciter un renouveau de l'adoration de ce sacrement qui contient la Personne même du Seigneur Jésus dans sa sainte humanité. Le synode des évêques d'octobre

---

2. Jean-Paul II, Lettre encyclique *Ecclesia de Eucharistia*, n. 11.

2005 sur *L'eucharistie dans la vie et la mission de l'Église* a prolongé et approfondi la réflexion en précisant les implications pastorales du mystère eucharistique.

Ce don par excellence a été longuement préparé par Dieu dans l'histoire du salut. La sainte eucharistie récapitule et couronne en effet une multitude de dons que Dieu a faits à l'humanité depuis la création du monde. Elle porte à son accomplissement le dessein de Dieu d'établir une alliance définitive avec l'humanité. Malgré une histoire tragique de péché et de refus qui dure depuis les origines, Dieu instaure concrètement, par ce sacrement, la nouvelle alliance scellée dans le sang du Christ. Cette alliance scelle définitivement une longue histoire d'alliance entre Dieu et son peuple issu d'Abraham, notre père dans la foi. Comme la célébration de la Pâque juive au temps de la Promesse, la sainte eucharistie accompagne le pèlerinage du peuple de Dieu dans l'histoire de la nouvelle alliance. Elle est un vivant mémorial du don que Jésus Christ fit de son corps et de son sang pour racheter l'humanité du péché et de la mort et lui communiquer la vie éternelle.

Dans sa liturgie et sa prière millénaires, le peuple juif a appris à célébrer la grandeur de son Dieu très saint, créateur et libérateur. La Pâque a toujours été

au cœur de sa liturgie qui rappelle d'âge en âge l'événement de l'Exode: «Ce jour-là vous servira de
mémorial» (Ex 12,14).

Célébrée par des générations de croyants, elle se
rattache à l'événement fondateur de la première
alliance: la sortie d'Égypte du peuple hébreu et le
passage de la mer Rouge grâce à l'intervention du
Seigneur Dieu. «Israël vit avec quelle main puissante
le Seigneur avait agi contre l'Égypte. Le peuple crai-
gnit le Seigneur, il mit sa foi dans le Seigneur et dans
son serviteur Moïse» (Ex 14,31). Cet événement fondateur allait être scellé au Sinaï par le don sacré de la
Loi et l'engagement du peuple: «Voici le sang de l'alliance que le Seigneur a conclue avec vous, sur la base
de toutes ces paroles» (Ex 24,8). Et le peuple répondit:
«Tout ce que le Seigneur a dit, nous le mettrons en
pratique» (Ex 24,3).

Ce premier «passage» d'une portion de l'humanité de la servitude vers la liberté annonçait et préparait l'intervention décisive du Dieu vivant et Père
en faveur de l'humanité, l'envoi de sa dernière Parole,
personnelle et définitive, dans l'incarnation du Verbe.
C'est alors qu'à un moment particulier de l'histoire
humaine «la grâce de Dieu s'est manifestée pour le
salut de tous les hommes» (Tt 2,11). La mémoire
reconnaissante de l'Église le proclame: «Tu as

tellement aimé le monde, Père très saint, que tu nous as envoyé ton propre Fils, lorsque les temps furent accomplis, pour qu'il soit notre Sauveur[3]. »

La venue du Verbe en notre chair marque le sommet du don que Dieu fait de lui-même : « Après avoir, à maintes reprises et sous maintes formes, parlé jadis aux pères par les prophètes, Dieu, en ces jours qui sont les derniers, nous a parlé par le Fils, qu'il a établi héritier de toutes choses, par qui aussi il a fait les siècles » (Hé 1,1-2). L'épître aux Hébreux enseigne que l'incarnation du Fils de Dieu et l'offrande sacrificielle de sa vie fondent et établissent le culte de la nouvelle alliance dans son sang. Ce culte instauré par Jésus Christ porte à son accomplissement les ébauches de culte de la première alliance en offrant un seul sacrifice qui vaut une fois pour toutes, à la différence des sacrifices d'animaux de l'ancienne Loi, car il est le Sacrifice de l'Agneau sans tache, « qui s'offre au Père dans un Esprit éternel », « pour que nous rendions un culte au Dieu vivant » (Hé 9,14). Ce culte éternel, le Christ le rend présent dans notre temps et notre espace par la sainte eucharistie, sommet du don de Dieu, Verbe fait chair et Esprit vivifiant à la source du culte de la nouvelle alliance.

---

3. *Prière eucharistique IV.*

B. L'institution de la sainte eucharistie

Un événement toujours neuf

« Notre Sauveur, à la dernière Cène, la nuit où il était livré, institua le sacrifice eucharistique de son corps et de son sang pour perpétuer le sacrifice de la croix au long des siècles, jusqu'à ce qu'il vienne, et en outre pour confier à l'Église, son épouse bien-aimée, le mémorial de sa mort et de sa résurrection : sacrement de l'amour, signe de l'unité, lien de la charité, banquet pascal dans lequel le Christ est mangé, l'âme est comblée de grâce, et le gage de la gloire future nous est donné[4]. »

Ce que le Sauveur institua la nuit où il fut livré, c'est le don de lui-même, poussé par son amour extrême : « Avant la fête de la Pâque, Jésus, sachant que son heure était venue de passer de ce monde à son Père, ayant aimé les siens qui étaient dans le monde, les aima jusqu'à la fin » (Jn 13,1). L'institution de la sainte eucharistie, c'est le don de l'Amour en Personne, c'est Dieu qui se donne lui-même dans le sacrement de la Pâque du Christ. Jésus institue ce sacrement par un rite qui perpétue le don de sa vie en sacrifice d'expiation pour les péchés et il en traduit le sens par un geste de service, le lavement des pieds.

---

4. Vatican II, Constitution sur la sainte liturgie *Sacrosanctum concilium*, n. 47.

Le repas mémorial de la Pâque juive permettait au peuple d'Israël de se souvenir de son alliance avec Dieu et de revivre par le rite l'intervention réelle et efficace de Dieu dans son histoire. Le soir du jeudi saint, Jésus sait qu'il porte à son accomplissement le mémorial du repas pascal juif : il prend du pain, prononce la bénédiction et dit : « Prenez et mangez-en tous, ceci est mon corps livré pour vous » ; puis il prend une coupe remplie de vin et il dit : « Prenez et buvez-en tous, ceci est mon sang versé pour vous. » *Faites cela en mémoire de moi.* Par ces gestes et ces paroles, Jésus institue un nouveau rite, son rite pascal, par lequel il se substitue à l'agneau traditionnel en se donnant et en se sacrifiant par amour. Son acte d'amour réalise la nouvelle alliance dans son sang, qui libère l'humanité du péché et de la mort.

C'est toujours sous la poussée du même amour que le Christ ressuscité, dans la puissance de son Esprit, actualise le don de son eucharistie chaque fois que son Église célèbre le rite qu'elle a reçu de lui à la dernière Cène, la veille de sa Passion. En célébrant ce rite sacramentel, l'Église est intimement associée à l'offrande de Jésus Christ et donc à l'exercice de sa fonction sacerdotale pour le culte de Dieu et le salut de l'humanité. « Effectivement, pour l'accomplissement de cette grande œuvre par laquelle Dieu est parfaitement glorifié et les hommes sanctifiés, le

Christ s'associe toujours l'Église, son épouse bien-aimée, qui l'invoque comme son Seigneur et qui passe par lui pour rendre son culte au Père éternel[5]. »

L'institution de l'eucharistie recèle un profond mystère qui transcende notre capacité de compréhension et nos catégories. C'est le mystère de foi par excellence. L'Église s'en nourrit sans cesse, car elle tient de lui sa vie et sa raison d'être. À la dernière Cène, Jésus lui a fait cadeau de sa présence sacramentelle, qui est une présence « réelle et substantielle[6] », bien que voilée sous les humbles signes du pain et du vin. Il lui a donné d'accueillir perpétuellement, comme jaillissant sans cesse, de son Cœur eucharistique, sa déclaration d'amour et le don de son corps et de son sang comme un événement toujours neuf qui est en train de se produire. C'est là le sens profond du « mémorial » qui, comme déjà dans la tradition juive, a le sens d'un événement objectif et pas seulement celui d'un acte subjectif de mémoire du passé. La célébration du mémorial replonge les participants dans le mystère de la Pâque du Seigneur.

---

5. *Ibid.*, n. 7.

6. *Cf. Dictionnaire de théologie catholique*, V, 2ᵉ partie, « Eucharistie d'après le concile de Trente », col. 1333,3.

II - L'eucharistie, mémorial du mystère pascal

*Présence
du Christ
ressuscité*

A. Le mémorial de la Pâque du Christ,
   un don trinitaire

Quel est donc le contenu de ce mémorial que l'Église célèbre depuis les origines comme le don par excellence du Seigneur ? Jésus en a établi la forme essentielle à la dernière Cène en prononçant les paroles de l'institution sur le pain et le vin pour les changer en son corps et son sang. Mais cet acte de don personnel du Christ recèle un contenu inépuisable qu'on n'aura jamais fini d'approfondir puisqu'il contient toute sa Pâque, c'est-à-dire son offrande d'amour au Père jusqu'à la mort sur la croix et sa résurrection d'entre les morts par la puissance du Saint-Esprit.

Quand l'Église célèbre l'eucharistie, elle accueille le don du Christ qui se livre aux mains des pécheurs par obéissance à la volonté du Père. Saint Paul proclame solennellement dans l'hymne aux Philippiens : « S'étant comporté comme un homme, il s'humilia plus encore, obéissant jusqu'à la mort et à la mort sur une croix ! Aussi Dieu l'a-t-il exalté et lui a-t-il donné le Nom qui est au-dessus de tout nom, pour que tout, au nom de Jésus, s'agenouille, au plus haut des cieux, sur la terre et dans les enfers, et que toute langue proclame, de Jésus Christ, qu'il est Seigneur, à la gloire de Dieu le Père » (Ph 2,8-11).

L'Église accueille ainsi le don que le Père fait au monde de son Fils unique, incarné et crucifié : « Dieu a tant aimé le monde qu'il a donné son Fils unique, pour que tout homme qui croit en lui ne périsse pas, mais ait la vie éternelle » (Jn 3,16). « Voyez avec quelle magnifique générosité Dieu rivalise avec les hommes, s'exclame Origène : Abraham a offert à Dieu un fils mortel qui ne devait pas mourir. Dieu a livré à la mort pour les hommes un Fils immortel [7]. » Le sacrifice d'Isaac dans l'ancienne alliance annonçait et préparait le sacrifice par excellence de la nouvelle alliance, celui de l'Agneau véritable.

L'acte d'amour du Fils qui se livre correspond parfaitement à l'acte d'amour du Père qui le livre, et cette parfaite correspondance de l'amour du Père et du Fils à notre égard est confirmée par le Saint-Esprit qui ressuscite le Christ d'entre les morts. L'Esprit confirme par le fait même l'autorité divine de sa prédication et de ses gestes, justifiant du même coup l'assentiment total requis de la foi chrétienne. Voilà le cœur de la Bonne Nouvelle que l'Église annonce à toutes les nations depuis les origines et qu'elle célèbre en chaque eucharistie : « L'Évangile de Dieu,

---

7. Origène, *Homélie sur la Genèse*, SC, 7, chap. VIII, 8. *Cf.* Genèse 22,10.

concernant son Fils, issu de la lignée de David selon la chair, établi Fils de Dieu avec puissance selon l'Esprit de sainteté, par sa résurrection d'entre les morts, Jésus Christ notre Seigneur » (Rm 1,4). Le don par excellence de l'eucharistie rend présent le Christ ressuscité avec toute sa vie et son mystère pascal.

C'est un don trinitaire qui opère la réconciliation du monde avec Dieu par l'offrande d'amour du Fils jusqu'à la mort et par sa résurrection qui confirme la victoire de l'amour trinitaire sur le péché et la mort.

Le Saint-Esprit confirme la parfaite communion du Père et du Fils au cœur du mystère pascal par son propre don qui, en glorifiant le Fils, glorifie aussi le Père qui l'envoie. C'est pourquoi la communion des fidèles au corps et au sang du Christ est aussi une communion à l'Esprit Saint. Saint Éphrem écrit : « Il appela le pain son corps vivant, il le remplit de lui-même et de son Esprit. [...] Et celui qui le mange avec foi mange le Feu et l'Esprit. [...] Prenez-en, mangez-en tous, et mangez avec lui l'Esprit Saint. C'est vraiment mon corps et celui qui le mange vivra éternellement [8]. »

---

8. Jean-Paul II, Lettre encyclique *Ecclesia de Eucharistia*, n. 17.

B. Le sacrifice pascal

Signe efficace du don de Dieu

Parce qu'elle est mémorial de la Pâque du Christ, l'eucharistie est aussi un sacrifice, nous rappelle avec insistance le *Catéchisme de l'Église catholique*[9]. « Pour eux, je me sacrifie moi-même », confie Jésus à ses disciples dans son ultime prière (Jn 17,18). Une fois son heure arrivée, Jésus ne se dérobe pas à la volonté de son Père, il aime le Père et il se livre librement entre les mains des hommes par amour de son Père et par amour des pécheurs. L'eucharistie est le mémorial de ce sacrifice, c'est-à-dire de cet acte d'amour rédempteur qui rétablit la communion de l'humanité avec Dieu en supprimant l'obstacle posé par le péché du monde.

La désobéissance de l'être humain a sans cesse rompu le rapport d'alliance avec Dieu au cours de l'histoire. L'obéissance d'amour du Christ rachète toutes les désobéissances coupables des fils et filles d'Adam. « Sacrifice que le Père a accepté, échangeant le don total de son Fils, qui s'est fait ‹ obéissant jusqu'à la mort › (Ph 2,8), avec son propre don paternel, c'est-à-dire avec le don de la vie nouvelle et immortelle dans la résurrection[10]. » Cet échange rétablit la communication et la communion entre le

---

9. Cf. *Catéchisme de l'Église catholique*, n. 1365.

10. Jean-Paul II, Lettre encyclique *Ecclesia de Eucharistia*, n. 13. *Cf. Redemptor hominis*, n. 20.

ciel et la terre, entre Dieu qui est Amour et l'humanité qui est appelée à communier à son amour par la foi. Le sacrifice du Christ est donc un sacrifice pascal, un don total de lui-même qui fait « passer » toute l'humanité de l'esclavage du péché à la liberté des enfants de Dieu. « En vérité, en vérité je vous le dis, qui mange ma chair et boit mon sang a la vie éternelle et je le ressusciterai au dernier jour » (Jn 6,54).

Ce véritable sacrifice comporte pour le Fils de Dieu un lot incommensurable de souffrances, incluant sa descente dans l'abîme de la mort. Les Évangiles rapportent quelques aspects de la passion de Jésus qui révèlent l'abîme de sa souffrance et de son amour.

La soif du Seigneur sur la croix, ses blessures, son abandon, son grand cri et son cœur transpercé laissent deviner en quelque sorte toutes ses peines, corporelles, morales et spirituelles. « Dans sa mort sur la croix, écrit le pape Benoît XVI, s'accomplit le retournement de Dieu contre lui-même, dans lequel il se donne pour relever l'homme et le sauver – tel est l'amour dans sa forme la plus radicale[11]. » En contemplant cet amour souffrant et mourant sur la croix, nous apprenons à mesurer l'amour sans

---

11. Benoît XVI, Lettre encyclique *Deus Caritas est*, n. 12.

mesure de son cœur et à deviner l'immensité du don du saint sacrement de l'eucharistie.

À la lumière de cette doctrine, on voit encore mieux la raison pour laquelle toute la vie sacramentelle de l'Église et de chaque chrétien atteint son sommet et sa plénitude dans l'eucharistie. Dans ce sacrement, en effet, le mystère du Christ s'offrant lui-même en sacrifice au Père sur l'autel de la croix se renouvelle continuellement de par sa volonté. Et le Père répond à son offrande par la vie nouvelle du Ressuscité. Cette vie nouvelle, manifestée dans la glorification corporelle du Christ crucifié, est devenue signe efficace du don nouveau fait à l'humanité. «La résurrection du Christ est bien plus, il s'agit d'une réalité différente. Elle est – si nous pouvons pour une fois utiliser le langage de la théorie de l'évolution – la plus grande mutation, le saut absolument le plus décisif dans une dimension totalement nouvelle qui soit jamais advenue dans la longue histoire de la vie et de ses développements : un saut d'un ordre complètement nouveau, qui nous concerne et qui concerne toute l'histoire [12].»

L'eucharistie, en tant que mémorial de la mort et de la résurrection du Seigneur, fait donc beaucoup plus que rappeler un événement passé ; elle

---

12. Benoît XVI, *Homélie lors de la veillée pascale*, 15 avril 2006.

représente sacramentellement un événement toujours actuel, puisque l'offrande d'amour de Jésus sur la croix a été agréée par le Père et glorifiée par le Saint-Esprit. Cette offrande transcende par conséquent le temps et l'espace et, à cause de la volonté explicite du Seigneur, elle demeure toujours disponible pour la foi de l'Église. *Faites cela en mémoire de moi.* Quand l'Église célèbre le banquet eucharistique, elle ne fait pas « comme si » c'était la première fois. Elle accueille l'événement définitif, eschatologique, « l'événement d'amour unique » qui est toujours en train de se produire pour nous. Ce banquet de l'Amour tire sa substance inépuisable du sacrifice d'amour du Fils de Dieu fait homme qui a été exalté et qui intercède toujours en notre faveur.

DEUXIÈME PARTIE

L'eucharistie, nouvelle alliance

III- L'eucharistie édifie l'Église, sacrement du salut

Le don par excellence de l'eucharistie est un mystère d'alliance, un mystère nuptial entre Dieu et l'humanité. Le Dieu vivant y fait renaître sans cesse son Église comme peuple rassemblé, comme Corps et Épouse du Christ, comme communauté vivante qui est en même temps une seule personne mystique avec lui. « Réjouissons-nous et rendons grâce à Dieu, s'exclame saint Augustin, non seulement nous sommes devenus chrétiens, mais nous sommes devenus le Christ lui-même [13]. »

L'Église est en effet le peuple de la nouvelle alliance, inséparable de l'eucharistie, comme le corps est inséparable de la tête, comme l'épouse vit du don de son époux. En tant qu'héritière et partenaire du

---

13. Saint Augustin, *Tract in Joh 21,8. Cf. Catéchisme de l'Église catholique*, n. 795.

mystère eucharistique, l'Église, animée par l'Esprit et modelée par la foi de Marie, participe au don de Dieu au monde. Elle est elle-même comme un sacrement, c'est-à-dire « le signe et l'instrument de l'union avec Dieu et de l'unité de tout le genre humain [14] ». En fait, elle est le sacrement universel de la communion trinitaire donnée au monde.

A. Le don de l'Église-communion

Marie,
femme
eucharistique

1) Marie, première Église et femme eucharistique

Le don de Dieu au monde s'est réalisé grâce à une femme, bénie entre toutes les femmes, qui a cru et qui s'est livrée sans conditions à la Parole mystérieuse de son Seigneur. Marie de Nazareth est la femme par excellence qui a répondu « oui » au Dieu de l'alliance, devenant ainsi à l'Annonciation l'accomplissement de la Fille de Sion, l'Église naissante. Son « oui » a accompagné l'incarnation du Verbe de Dieu depuis le premier moment de sa conception jusqu'à sa mort et à sa résurrection. Nulle autre créature ne possède une mémoire aussi concrète du Verbe qui se fait chair jusqu'à sa chair eucharistique. Nul autre être humain ne sait aussi parfaitement ce que signifient la miséri-

---

14. Vatican II, Constitution dogmatique sur l'Église, *Lumen Gentium*, n. 1.

corde, le pardon, la compassion et la souffrance de l'Amour rédempteur.

Rien ne dit que Marie était présente à la Cène, lorsque le rite de la nouvelle alliance a été institué, mais elle était debout au pied de la croix, là où fut consommé le saint sacrifice de l'Agneau qui enlève le péché du monde.

Elle est la *femme eucharistique* par excellence [15], la nouvelle Ève toute disponible pour laisser libre cours à la fécondité du nouvel Adam. *Mater Dei et Mater Ecclesiae*. En elle et par elle, l'Église communie déjà parfaitement à la croix, à l'offrande sacrificielle du Fils de Dieu. Promise comme elle à la gloire d'être épouse de l'Agneau, l'Église contemple Marie au pied de la croix comme l'icône douloureuse et glorieuse de son propre mystère de communion. Avec la Vierge immaculée qui devient alors la mère féconde de toute l'humanité réconciliée, l'Église apprend à communier à l'amour rédempteur et nuptial de l'Agneau immolé, par pure grâce du Dieu-Amour.

2) *Peuple de Dieu et sacrement du salut*

L'Église, sacrement du salut

C'est dans le cadre du repas eucharistique que l'Église accueille et accomplit de façon privilégiée son profond mystère de communion. Le don de Jésus

---

15. *Cf.* Jean-Paul II, Lettre encyclique *Ecclesia de Eucharistia*, n. 53-58.

qu'elle commémore, par fidélité à sa Parole, fonde et nourrit le rapport d'alliance qu'elle entretient avec lui, au nom de toute l'humanité. Le banquet pascal de Jésus l'introduit dans son amour trinitaire, qui renvoie à la source première qu'est le Père et au don ultime qu'est le Saint-Esprit.

C'est le Père en effet qui convoque l'humanité au banquet de noces de son Fils (Mt 22,1-14), banquet pascal où il sert lui-même l'Agneau immolé depuis la fondation du monde et la coupe du Royaume qui communique l'ivresse de l'Esprit dont parle saint Pierre au jour de la Pentecôte. En donnant ainsi à l'Église son Fils et son Esprit, le Père l'associe à son mystère d'amour et de fécondité. Il l'élève et l'ennoblit en l'accueillant à sa propre table céleste où l'Amour est le seul aliment et la source éternelle de la Vie.

L'Église, mystère de communion trinitaire destinée à tous les humains, est sacrement du salut en tant que peuple de Dieu rassemblé dans l'unité. Ce peuple est convoqué par Dieu et organisé par son Esprit selon diverses fonctions hiérarchiques et selon de multiples ministères charismatiques pour le service de la nouvelle alliance. Il exprime sa pleine vitalité ecclésiale et assure son unité par la communion sacramentelle de ses membres au corps et au sang du Christ. « Quand nous serons nourris de son corps et de son sang et remplis de l'Esprit Saint, accorde-nous d'être un seul corps et un seul esprit dans le Christ [16]. »

À chaque messe, la prière de l'épiclèse reprend la prière de Jésus lui-même pour l'unité de ses disciples : « Et moi je leur ai donné la gloire que tu m'as donnée, pour qu'ils soient un comme nous sommes un » (Jn 17,22). L'Esprit Saint qui vient sur les offrandes et sur l'assemblée est cette gloire de la communion trinitaire à l'œuvre en chaque eucharistie.

C'est pourquoi l'Église, peuple de Dieu et sacrement du salut, lui doit d'être convoquée et rassemblée, de s'ouvrir à l'intelligence des Écritures, de se laisser réconcilier sans cesse et de communier à la Vie éternelle dès ici-bas par la vertu du sacrement de la Pâque.

3) Épouse de l'Agneau et Corps du Christ

Un repas de noces

Pour se donner au monde en ce mystère d'alliance, Dieu compte sur l'Église, son humble partenaire. Même pauvre et fragile à cause du péché de ses enfants, l'Église s'engage en se replongeant sans cesse, par la pénitence et la sainte eucharistie, dans la grâce de son baptême. Elle doit d'autant plus s'efforcer de se purifier et de se réformer qu'elle est consciente

16. *Prière eucharistique III.*

d'abriter le mystère de communion du Dieu trois fois saint et d'être appelée à y répondre d'une façon non seulement exemplaire mais même nuptiale. Car «toute la vie chrétienne porte la marque de l'amour sponsal du Christ et de l'Église. Déjà, le baptême, entrée dans le peuple de Dieu, est un mystère nuptial : il est, pour ainsi dire, le bain des noces (Ép 5,26-27) qui précède le repas des noces, l'eucharistie [17]. »

Au point culminant de la prière de l'anaphore, l'Église met cette exclamation dans la bouche de son ministre : «Il est grand, le mystère de la foi ! » Ce cri de jubilation reconnaît l'événement qui est en train de se produire, à savoir la conversion du pain et du vin au corps et au sang du Christ par la puissance de l'Esprit Saint. Il reconnaît aussi le mystère de la nouvelle alliance, la rencontre nuptiale du Christ-Époux qui se donne et de l'Église-Épouse qui l'accueille et qui s'unit à son offrande. Par la puissance de sa Parole et de l'épiclèse sur les espèces eucharistiques, le Christ vivant, dont nous annonçons la mort jusqu'à ce qu'il vienne, s'unit la communauté ecclésiale comme son corps et son épouse. Il transforme l'offrande de la communauté rassemblée en son propre corps et il lui donne en communion son corps eucharistique comme cadeau nuptial.

---

17. *Catéchisme de l'Église catholique*, n. 1617.

« Ce mystère est grand », s'exclame l'apôtre Paul en pensant à l'union du Christ et de l'Église comme le modèle et le mystère du mariage sacramentel (Ép 5,32). Saint Ambroise voit dans l'eucharistie le « cadeau nuptial » du Christ à son Épouse et dans la communion le baiser de l'Amour. Et Cabasilas peut justement observer : « ‹ Ce mystère est grand ›, dit le bienheureux Paul pour exalter cette union. Car c'est là le mariage tant chanté où l'Époux très pur épouse l'Église comme une vierge. C'est ici que le Christ ‹ nourrit › le chœur de ceux qui l'entourent, et c'est par ce seul sacrement que ‹ nous sommes la chair de sa chair et l'os de ses os › [18]. »

« L'eucharistie nous attire dans l'offrande de Jésus. Nous ne recevons pas seulement le *Logos* incarné de manière statique, mais nous sommes entraînés dans la dynamique de son offrande. L'image du mariage entre Dieu et Israël devient réalité d'une façon proprement inconcevable : ce qui consistait à se tenir devant Dieu devient maintenant, à travers la participation à l'offrande de Jésus, participation à son corps et à son sang, devient union. La mystique du sacrement, qui se fonde sur l'abaissement de Dieu vers nous, est d'une tout autre portée et entraîne bien

---

18. Cabasilas, *La vie en Christ, IV, 30,* trad. M. H. Congourdeau, S.C. n. 355, Paris, 1989, p. 291.

plus haut que ce à quoi n'importe quelle élévation mystique de l'homme pourrait conduire [19]. »

B. La réponse eucharistique de l'Église

1) Croire et aimer comme Marie, en Jésus

Le don de Dieu au banquet de l'amour engage l'Église à partager ce don avec l'humanité entière, qui est appelée à devenir Corps et épouse du Christ. Le premier hommage de l'Église à ce mystère est celui de sa foi entière, admirative et adoratrice. Car, au mystère du don eucharistique par excellence de Dieu lui-même, doit correspondre le mystère de foi par excellence comme adhésion totale et pleine de gratitude de l'Église, unie à la foi immaculée de Marie. La mission de l'Esprit Saint est justement d'assurer cette correspondance nuptiale entre l'actualisation perpétuelle du mystère eucharistique et l'accueil de l'Église qui nourrit ainsi l'espérance du monde par son témoignage.

La première forme de partage qui jaillit immédiatement du cœur eucharistique de Jésus est le nouveau commandement de l'amour: «Comme je vous ai aimés, vous devez vous aussi vous aimer les uns les autres» (Jn 13,34). Ce commandement est nouveau

---

19. Benoît XVI, Lettre encyclique *Deus Caritas est*, n. 13.

parce que sa mesure n'est plus d'aimer le prochain comme soi-même, mais comme Jésus a aimé. Il est nouveau parce qu'il pose l'exigence essentielle d'entrer dans la communauté eschatologique des disciples qui sont unis à lui par la même foi ; il l'est aussi dans la mesure où il requiert une humilité et une volonté de service qui mènent à prendre la dernière place et à mourir pour les autres.

« La plénitude de l'amour dont nous devons nous chérir mutuellement, frères très chers, le Seigneur l'a définie lorsqu'il a dit : ‹ *Il n'y a pas de plus grand amour que de donner sa vie pour ses amis.* › – Il en découle ce que le même évangéliste saint Jean dit dans sa lettre : ‹ *De même que le Christ a donné sa vie pour nous, de même devons-nous donner notre vie pour nos frères.* › Oui, nous devons nous aimer mutuellement comme il nous a aimés, lui qui a donné sa vie pour nous [20]. »

« L'union avec le Christ est en même temps union avec tous ceux auxquels il se donne. Je ne peux avoir le Christ pour moi seul ; je ne peux lui appartenir qu'en union avec tous ceux qui sont devenus ou qui deviendront siens. La communion me tire hors de

---

20. Saint Augustin, *Homélie sur l'évangile de Jean. Cf. Livre des jours,* 1976, p. 311.

moi-même vers lui et, en même temps, vers l'unité avec tous les chrétiens.

« Nous devenons un seul corps, fondus ensemble dans une unique existence. L'amour pour Dieu et l'amour pour le prochain sont maintenant vraiment unis : le Dieu incarné nous attire tous à lui. À partir de là, on comprend maintenant comment *agapè* est alors aussi devenu un nom de l'eucharistie : dans cette dernière, l'*agapè* de Dieu vient à nous corporellement pour continuer son œuvre en nous, à travers nous. C'est seulement à partir de ce fondement christologique et sacramentel qu'on peut comprendre correctement l'enseignement de Jésus sur l'amour [21]. »

Réconciliés dans l'unité

2) *Se laisser réconcilier dans l'unité*

La célébration de l'eucharistie éveille la responsabilité des disciples du Christ face à leur propre et permanent besoin de se réconcilier et d'être artisans de réconciliation. Ils l'expriment par le recours au sacrement de la réconciliation qui purifie leur cœur pour la communion eucharistique et dans la décision qu'ils prennent de s'accueillir dans leurs différences de cultures et de choix de vie. Ils l'expriment aussi dans leurs demandes de pardon, dans la prière

---

21. Benoît XVI, Lettre encyclique *Deus Caritas est*, n. 14.

d'intercession pour tous et la prière du Seigneur, l'échange du signe de la paix, le partage d'un seul pain et d'une coupe unique, le souci de porter la communion aux malades ou de se rendre solidaires des pauvres et des marginaux. Autant de signes de cet amour fraternel que chaque assemblée essaie de vivre et qui se construit sans cesse dans le Corps du Christ : « Si vous avez de l'amour les uns pour les autres, tous reconnaîtront que vous êtes mes disciples » (Jn 13,35).

« Une seule et unique Église a été instituée par le Christ Seigneur. Et pourtant, plusieurs communions chrétiennes se présentent aux hommes comme les véritables héritières de Jésus Christ. Il est certain qu'une telle division ne correspond pas à la volonté du Christ. Elle est pour le monde un objet de scandale et elle fait obstacle à la plus sainte des causes : la prédication de l'Évangile à toute créature[22]. »

Le fait qu'à travers le monde les Églises chrétiennes soient séparées pour accomplir le mémorial du Seigneur donne le signe de divergences historiques et doctrinales qu'il est impossible de taire ou d'ignorer. Unis par un seul et même baptême, les disciples du Christ ne peuvent oublier les conséquences de leurs divisions sur le témoignage individuel ou collectif qu'ils donnent au monde. Prendre

---

22. Vatican II, Décret sur l'œcuménisme *Unitatis Redintegratio*, n. 1.

conscience qu'ils ne puissent tous se réunir en pleine communion à une même table, être affligés de l'affaiblissement du témoignage missionnaire qui en découle, cela ouvre les cœurs à la recherche d'une réconciliation entre tous les membres du Corps du Christ afin « qu'ils soient un » (Jn 17,11). Chaque eucharistie est célébrée dans l'attente et l'espérance de la réunion de l'unique peuple de Dieu à l'unique table du Seigneur.

Dimanche, sacrement de la Pâque

3) Se rassembler le dimanche, jour du Seigneur

L'Église est la communauté des disciples qui professe son appartenance au Seigneur par la pratique de l'amour fraternel à l'égard de tous et de l'amour mutuel comme signe distinctif. On ne peut pas aimer du même amour dont il aime sans recevoir cet amour constamment de lui. Son commandement nouveau n'est pas un simple idéal moral offert à notre liberté. C'est une alliance, un amour partagé entre le Seigneur et ses disciples, qui grandit et rayonne sur le monde à la condition d'être puisé constamment à la source de l'eucharistie dominicale.

Le Seigneur s'est manifesté la première fois le soir de Pâques au Cénacle, puis il revint huit jours plus tard pour la rencontre avec Thomas, l'incrédule. Ces apparitions confirmèrent la foi des disciples et les préparèrent à la nouvelle forme de présence du

Seigneur dans les sacrements et d'une façon toute spéciale dans l'eucharistie dominicale. «Nous célébrons le dimanche à cause de la vénérable résurrection de notre Seigneur Jésus Christ, non seulement à Pâques, mais aussi à chaque cycle hebdomadaire»: c'est ainsi que s'exprimait, au début du Ve siècle, le pape Innocent Ier, témoignant d'une pratique désormais bien établie qui s'était développée dès les premières années qui ont suivi la résurrection du Seigneur. Saint Basile parle du «saint dimanche, honoré par la résurrection du Seigneur, prémices de tous les autres jours». Saint Augustin appelle le dimanche «le sacrement de la Pâque[23]».

Le dimanche est, en effet, le jour où, plus qu'en tout autre, le chrétien est appelé à se souvenir du salut qui lui a été offert dans le baptême et qui a fait de lui un être nouveau dans le Christ. «Ensevelis avec lui lors du baptême, vous en êtes aussi ressuscités par lui, parce que vous avez cru en la force de Dieu qui l'a ressuscité des morts» (Col 2,12; *cf.* Rm 6,4-6). La présence du chrétien au rassemblement de l'Église pour l'eucharistie dominicale n'obéit pas d'abord à un précepte. Elle est un témoignage de son identité de baptisé et donc de son appartenance au Seigneur. Cette appartenance se traduit par l'écoute de la

---

23. Jean-Paul II, Lettre apostolique *Dies Domini*, n. 19.

parole de Dieu, la participation à l'offrande et la communion à l'amour du Seigneur.

Il importe aujourd'hui de réévangéliser le dimanche, car en beaucoup de milieux son sens a été obscurci sous la pression d'une culture individualiste et matérialiste. Comment redécouvrir le sens du rassemblement des disciples autour du Seigneur ressuscité ? En se souvenant des origines chrétiennes qui ne manquent pas de témoignages éloquents. Au début du IVe siècle, en Afrique du Nord, quelques chrétiens ont préféré mourir plutôt que de vivre sans le dimanche, c'est-à-dire sans le Seigneur qu'ils rencontraient en célébrant la sainte eucharistie. Ces martyrs d'Abitène nous interpellent au début du troisième millénaire et ils intercèdent pour nous afin que nous redécouvrions la richesse de la rencontre vitale du Seigneur ressuscité qui se donne dans l'eucharistie.

Le monde attend ce témoignage de l'Église rassemblée, sacrement du salut, dont il se nourrit secrètement.

TROISIÈME PARTIE

Pour la vie du monde

L'Église, partenaire du Seigneur ressuscité, vit du don de Dieu et s'unit à Jésus Christ, souverain prêtre, dans la communication de ce don à l'humanité. Le monde bénéficie de la charité des chrétiens et aussi du culte de l'Église qui glorifie Dieu en intercédant pour le monde. Qu'elle dialogue avec Dieu dans le culte ou avec le monde dans la mission, l'Église ne vit pas pour elle-même, mais pour celui qui est « venu pour qu'ils aient la vie et qu'ils l'aient en abondance » (Jn 10,10). Sa vie est un témoignage de la Vie du Seigneur donnée en partage dans la sainte eucharistie.

IV- L'eucharistie, Vie du Christ dans nos vies

A) Le culte spirituel des baptisés

Être un seul corps en Jésus Christ

« Par le baptême, les hommes sont greffés sur le mystère pascal du Christ : morts avec lui, ensevelis avec lui, ressuscités avec lui ; ils reçoivent l'Esprit d'adoption des fils ‹dans lequel nous crions Abba Père› (Rm 8,15) et ils deviennent ainsi ces vrais adorateurs que cherche le Père[24]. » « Le baptême est immersion totale dans l'eau asphyxiante de la mort, d'où l'on émerge dans la joie de respirer à nouveau, de respirer l'Esprit. Car l'eau, devenant de mortelle vivifiante, incorpore, selon son symbolisme naturel, la puissance résurrectionnelle de l'Esprit[25]. » Le baptême dans la foi de l'Église introduit le fidèle dans l'expérience du mystère pascal de Jésus Christ, qui est mort au péché et vie pour Dieu. L'immersion symbolise la mort et l'émersion symbolise la vie nouvelle du chrétien qui s'engage à suivre Jésus Christ dans l'obéissance au Père par la puissance du Saint-Esprit.

C'est pourquoi saint Paul exhorte les baptisés à vivre une vie nouvelle. « Je vous exhorte donc, frères, par la miséricorde de Dieu à offrir vos personnes en hostie vivante, sainte, agréable à Dieu ; c'est là le culte spirituel que vous avez à rendre » (Rm 12,1). Ce culte spirituel consiste, dans la vision paulinienne, en l'offrande totale de soi-même en union avec toute l'Église.

Il signifie une vie totalement renouvelée : « Soit que vous mangiez, soit que vous buviez, quoi que

---

24. Vatican II, Constitution sur la sainte liturgie *Sacrosanctum concilium*, n. 6.

25. *Cf.* Basile de Césarée, *Traité de l'Esprit Saint 15*, PG 32, 128-129.

vous fassiez, faites-le pour la gloire de Dieu»
(1 Co 10,31). «Ne vous conformez pas au monde
présent, mais soyez transformés par le renouvelle-
ment de votre intelligence, pour discerner quelle est
la volonté de Dieu» (Rm 12,2). Ce culte nouveau se
manifeste en outre par l'humilité et le service, «chacun selon la mesure de foi que Dieu lui a donnée en
partage» (Rm 12,3).

Car, poursuit l'apôtre, «comme nous avons plusieurs membres en un seul corps et que ces membres
n'ont pas tous la même fonction, ainsi, à plusieurs,
nous sommes un seul corps en Christ, étant tous
membres les uns des autres, chacun pour sa part»
(Rm 12,4). Le culte spirituel consiste à exercer son
propre charisme en esprit de solidarité et d'humble
service, avec un amour sincère, dans la joie et autant
que possible dans la paix avec tous. Et l'apôtre con-
clut en rappelant la lutte constante que doit mener le
chrétien contre les forces du mal: «Ne te laisse pas
vaincre par le mal, mais sois vainqueur du mal par le
bien» (Rm 12,21). «Le plus grand sacrifice que l'on
puisse offrir à Dieu, écrit saint Cyprien, c'est notre
paix, c'est la concorde fraternelle, c'est le peuple
rassemblé par cette unité qui existe entre le Père, le
Fils et le Saint-Esprit[26].»

---

26. Saint Cyprien, *Commentaire sur la prière du Seigneur. Cf. Liturgie
des heures*, vol. III, p. 190.

La Vie du Christ, qui nourrit notre offrande par l'eucharistie, nous assimile à lui et nous rend ainsi disponibles pour les autres, dans l'unité d'un seul Corps et d'un seul Esprit. Elle transforme la communauté en un temple du Dieu vivant pour le culte de la nouvelle alliance: « C'est votre mystère à vous qui est posé sur la table du Seigneur; c'est votre mystère que vous recevez. C'est à l'affirmation de ce que vous êtes (Corps du Christ) que vous répondez: ‹ Amen ›, et votre réponse est comme votre signature[27]. » « Voici le sacrifice des chrétiens: être tous un seul Corps en Jésus Christ. C'est le mystère que l'Église célèbre dans le sacrement de l'autel, où elle apprend à s'offrir elle-même dans l'oblation qu'elle fait à Dieu[27a]. »

B) L'adoration véritable

Le Père cherche des adorateurs

La célébration eucharistique rend présent le Christ dans l'acte d'adoration par excellence qu'est sa mort sur la croix. Par son acte d'amour absolu jusqu'à la mort, le Christ retourne au Père avec l'humanité réconciliée et il obtient pour tous l'Esprit d'amour et de paix qui anime l'adoration de l'Église en esprit et en vérité. Par lui, avec lui et en lui, c'est toute l'Église qui est adoratrice au nom de l'huma-

---

27. Saint Augustin, *Sermo 272*, PL 38, 1247.

27a. Saint Augustin, *De civitate Dei*, X.6 (fin). *Cf. Catéchisme de l'Église catholique*, n. 1372.

nité rachetée. L'acte d'adoration par excellence du Christ et de l'Église se réalise dans l'offrande du saint sacrifice *in Persona Christi, Caput et Corpus*, comme dit saint Augustin, incluant la participation active des fidèles à ce mystère de louange, d'action de grâce et de communion.

D'abord intérieure, cette participation s'exprime dans des paroles et dans des gestes : réponse aux paroles du président, écoute de la Parole, chant, prière universelle, acclamations eucharistiques et tout particulièrement le amen, communion au pain de la vie, mais aussi à la coupe du salut. En tout cela s'exprime le sacerdoce royal des baptisés, lui-même consécration de leur dignité première et inaliénable d'êtres humains.

L'acte d'adoration du Christ et de l'Église dans la célébration eucharistique ne cesse toutefois pas avec l'action liturgique, il se prolonge dans sa présence sacramentelle permanente, suscitant la participation des fidèles par l'adoration du saint sacrement. L'adoration eucharistique en dehors de la messe prolonge le mémorial en invitant les fidèles à demeurer auprès du Seigneur présent dans le saint sacrement : « Le Maître est là et il t'appelle » (Jn 11,28). Par l'adoration eucharistique, les fidèles reconnaissent la présence réelle du Seigneur et ils s'unissent à son acte d'offrande de lui-même au Père. Leur adoration participe à la sienne, en quelque sorte, puisque c'est par lui, avec lui et en lui que toute prière et toute adoration montent vers le Père et sont agréés par lui. Le Christ, qui annonce à la Samaritaine que le Père cherche des adorateurs en esprit et en vérité (Jn 4,23-26), n'est-il pas lui-même le premier adorateur et le chef de file de tous les adorateurs et adoratrices? (Hé 12,2.24).

«En s'attardant auprès du Christ Seigneur, ils jouissent de son intime familiarité et, devant lui, ils épanchent leur cœur pour eux-mêmes et pour tous les leurs, ils prient pour la paix et le salut du monde. En offrant leur vie entière au Père avec le Christ dans le Saint-Esprit, ils puisent dans cet admirable échange un accroissement de leur foi, de leur espérance et de leur charité[28].» «Il est bon de s'entretenir avec lui et, penchés sur sa poitrine comme le disciple bien-aimé (*cf.* Jn 13,25), d'être touchés par l'amour infini de son cœur. Si, à notre époque, le christianisme doit se distinguer surtout par l'art de la prière, comment ne pas ressentir le besoin renouvelé de demeurer longuement en conversation spirituelle, en adoration silencieuse, en attitude d'amour devant le Christ présent dans le saint sacrement[29].»

---

28. *Culte eucharistique en dehors de la messe*, n. 80.

29. Jean-Paul II, Lettre encyclique *Ecclesia de Eucharistia*, n. 25.

Cet « art de la prière » que Jean-Paul II associe à l'adoration eucharistique connaît un regain de ferveur à notre époque un peu partout dans l'Église, augmentant d'un même souffle son témoignage d'amour de Dieu et son intercession pour les besoins du monde. La pratique de l'adoration renforce en effet chez les fidèles le sens sacré de la célébration eucharistique qui a malheureusement connu une baisse dans certains milieux. Car reconnaître explicitement la présence divine dans les saintes espèces, en dehors de la messe, contribue à cultiver la participation active et intérieure des fidèles à la célébration et les aide à y voir plus qu'un rite social.

Les fruits de l'adoration eucharistique touchent aussi le culte spirituel de toute la vie qui consiste en l'accomplissement quotidien de la volonté de Dieu. Contempler le Christ en état d'offrande et d'immolation dans le saint sacrement enseigne à se donner sans limites, activement et passivement, à se donner jusqu'à être donné comme le pain eucharistique qui passe de main à main pour la sainte communion. Celui qui est visité et adoré au tabernacle n'enseigne-t-il pas à persévérer dans l'amour, au rythme du quotidien, en accueillant les circonstances, les événements et les minutes qui passent avec leur contenu, sans rien exclure sauf le péché, en essayant de produire le plus de fruit possible ? L'adoration véritable, c'est le don de soi dans l'amour, c'est «l'extase de l'amour» dans le moment présent, pour la gloire de Dieu et le service du prochain. C'est ainsi que se prolonge dans le cœur de la communauté et des fidèles l'adoration du Christ et de l'Église actualisée sacramentellement dans la célébration de l'eucharistie.

Faites cela en mémoire de moi

C) Les ministres de la nouvelle alliance

Au cœur du culte de la nouvelle alliance, la participation active des membres du peuple de Dieu est sollicitée, qu'ils soient fidèles laïques ou ministres ordonnés. La présentation des offrandes et l'action du ministre symbolisent en quelque sorte l'ensemble de cette participation. «Le pain et le vin deviennent, en un certain sens, le symbole de tout ce que l'assemblée eucharistique apporte d'elle-même en offrande à Dieu, et offre en esprit[30].» Par la médiation du ministre qui agit en son Nom et même en sa Personne *(in Persona Christi),* en prononçant les paroles de la consécration, le Christ assume l'offrande de l'assemblée dans la sienne et la transforme en son corps et son sang.

«En effet, les apôtres, dans leurs mémoires qu'on appelle évangiles, nous ont transmis l'ordre de Jésus:

---

30. Jean-Paul II, Lettre apostolique *Dominicae Cenae,* n. 9, 19 février 1980.

il prit du pain, il rendit grâce et il dit : *Faites cela en mémoire de moi. Ceci est mon corps.* Il prit la coupe de la même façon, il rendit grâce et il dit : *Ceci est mon sang.* Et c'est à eux seuls qu'il le distribua. Depuis ce temps, nous n'avons jamais cessé d'en renouveler la mémoire entre nous[31]. »

L'assemblée qui fait mémoire devient le signe de l'Église. Elle est constituée de membres très divers et pourtant reliés entre eux et aux autres communautés dans l'Église universelle. Cette Église du Christ, confiée à Pierre et à ses successeurs, accueille le signe qu'elle est présidée par Lui dans le ministre qui agit au nom du Christ au sein de l'assemblée. Le ministère des évêques et des prêtres manifeste alors que cette assemblée reçoit toujours le mémorial du Seigneur comme un don, un don qu'elle ne se fait pas à elle-même mais qu'elle reçoit du Père, de qui toute paternité tient son nom, au ciel et sur la terre (Ép 3,14-15).

Une telle responsabilité appelle les ministres du Seigneur, particulièrement dans l'Église latine, à vivre l'engagement au célibat qui configure le prêtre à Jésus Christ, Tête et Époux, de l'Église. « L'Église, comme épouse de Jésus Christ, veut être aimée par le prêtre de la manière totale et exclusive avec laquelle

---

31. Saint Justin, *Apologie I*, n. 66.

Jésus Christ Tête et Époux l'a aimée. Le célibat sacerdotal alors, est don de soi dans et avec le Christ à son Église, et il exprime le service rendu par le prêtre à l'Église dans et avec le Seigneur [32].» Le célibat demeure par conséquent, malgré les incompréhensions dans la culture ambiante, un don inestimable de Dieu, comme un «stimulant de la charité pastorale [33]», comme une participation particulière à la paternité de Dieu et à la fécondité de l'Église. Profondément enraciné dans l'eucharistie, le joyeux témoignage d'un prêtre heureux dans son ministère est la première source de nouvelles vocations.

V- L'eucharistie et la mission

Après avoir reconnu le Seigneur à la fraction du pain, les deux disciples d'Emmaüs «se levèrent à l'instant même» (*cf.* Lc 24,33) pour aller communiquer ce qu'ils avaient vu et entendu. Lorsqu'on a fait une véritable expérience du Ressuscité, on ne peut garder pour soi la Bonne Nouvelle et la joie éprouvée. La rencontre avec le Christ, approfondie en permanence dans l'intimité eucharistique, suscite dans l'Église et chez tout chrétien l'urgence du témoignage et de l'évangélisation[34].

---

32. Jean Paul II, *Je vous donnerai des pasteurs*, 1992, 29.

33. Vatican II, *Presbyterorum Ordinis*, n. 16.

34. Jean-Paul II, Lettre apostolique *Mane nobiscum Domine*, n. 24.

A. Évangélisation et transformation du monde

Source et sommet de l'évangélisation

« Les joies et les espoirs, les tristesses et les angoisses des hommes de ce temps, des pauvres surtout et de tous ceux qui souffrent, sont aussi les joies et les espoirs, les tristesses et les angoisses des disciples du Christ[35]. » Quand l'Église célèbre le mémorial de la mort et de la résurrection du Christ, elle ne cesse de demander à Dieu : « Souviens-toi, Seigneur », de tous ceux auxquels le Christ est venu apporter la Vie. Cette prière constante exprime l'identité de l'Église et sa mission, car elle se sait solidaire et responsable du salut de toute l'humanité. Vivant de l'eucharistie, elle participe à l'intercession universelle du Christ et elle porte à toute l'humanité l'espérance de la vie éternelle.

L'Église accomplit sa mission par l'évangélisation qui transmet la foi au Christ et par la recherche de la justice et de la paix qui opèrent la transformation du monde. Or, l'eucharistie est la source et le sommet de l'évangélisation et de la transformation du monde. Elle a la puissance d'éveiller à l'espérance de la vie éternelle ceux qui sont tentés par la désespérance.

Elle ouvre au partage ceux qui sont tentés de fermer les mains. Elle met en avant la réconciliation au

---

35. Vatican II, Constitution pastorale *Gaudium et Spes*, n. 1.

lieu de la division. Elle situe la vie et la dignité humaines au centre de l'engagement de la foi. Dans une société trop souvent dominée par une «culture de mort», exacerbée par la recherche du confort individuel, du pouvoir ou de l'argent, l'eucharistie rappelle le droit des pauvres et le devoir de la justice et de la solidarité. Elle éveille la communauté au don immense de la nouvelle alliance qui appelle l'humanité entière à devenir plus grande qu'elle-même.

«Que veut dire évangéliser? Évangéliser, c'est porter la Bonne Nouvelle dans tous les milieux de l'humanité et, par son impact, transformer du dedans, rendre neuve l'humanité elle-même: voici, je fais toutes choses nouvelles (Ap 21,5). Et comme il n'y a pas d'humanité nouvelle s'il n'y a pas d'abord des êtres nouveaux, de la nouveauté du baptême et de la vie selon l'Évangile, l'évangélisation vise ce changement intérieur. L'Église évangélise lorsque, par la puissance de la Bonne Nouvelle qu'elle proclame, elle cherche à convertir en même temps la conscience personnelle et collective des hommes, l'activité dans laquelle ils s'engagent, la vie et le milieu concrets qui sont les leurs [36].»

À partir du centre eucharistique de sa vie, l'Église du Christ a souvent contribué à construire des com-

---

36. Paul VI, Exhortation apostolique *Evangelii nuntiandi*, n. 18.

munautés humaines, en renforçant le lien de l'unité entre les personnes et les groupes humains. C'est ainsi que les communautés chrétiennes, même petites et pauvres, ont grandi au milieu des peuples où elles prenaient racine. Dans plusieurs nations, comme ce fut le cas en terre d'Amérique pour les nations amérindiennes et européennes, l'Église du Christ a inscrit la foi dans l'espace des nouvelles cultures. Dans cet espace, le christianisme n'a cessé, à travers les croyants, de chercher des solutions nouvelles aux problèmes inédits auxquels faisaient face les communautés humaines qui s'implantaient. Il a souvent accompagné la naissance, l'évolution et la survivance des peuples, comme il l'a fait dans le « Nouveau Monde », tandis que le mémorial du Seigneur ponctuait le développement religieux et social. En raison de sa haute valeur sociale et spirituelle, il a aidé à construire un véritable être-ensemble, le partage de la Parole et du Pain de vie se prolongeant dans le partage d'autres réalités humaines. Le don de Dieu s'est inscrit dans la vie du monde.

En terre d'Amérique comme ailleurs, l'Église a commencé par un projet missionnaire. La foi et les institutions ecclésiales, en donnant naissance à une Église particulière qui cherchait à s'inspirer de la première communauté de Jérusalem, ont contribué à façonner les traits du peuple en train de naître. Cette

Église, comme la société où elle s'insère, a été marquée par un élan premier : ursulines et hospitalières, récollets et jésuites, associés laïques et prêtres séculiers ont traversé l'océan pour annoncer l'Évangile de Dieu sur une terre nouvelle.

Cette Église allait puiser dans l'aventure mystique de ces hommes et de ces femmes, aventure portée aux limites de l'endurance physique du courage et de la foi, sa profonde identification au pays qui grandissait. Ce grand élan missionnaire, puisé à la source eucharistique, qui a tant marqué l'histoire de ce pays, est appelé à se poursuivre et à s'approfondir face aux nouveaux défis de la sécularisation.

Qu'ai-je
fait de
mon frère ?
de ma sœur ?

B. Construire la paix par la justice et la charité

Du don accompli « pour que le monde ait la vie », l'Église est le témoin au milieu des hommes. L'eucharistie est alors un constant défi posé à la qualité de vie et d'amour des disciples du Christ. Qu'ai-je fait de mon frère ? de ma sœur ? Qu'avez-vous fait de moi ? « J'ai eu faim, j'ai eu soif, j'étais un étranger, j'étais nu, malade, en prison » (*cf.* Mt 25,31-46). Ce qu'ils célèbrent est-il compatible avec leurs relations sociales, familiales, interraciales et interethniques ou avec la vie politique et économique à laquelle ils participent ? Le mémorial de ce qu'ils considèrent comme l'événement central de l'histoire de l'humanité vient dévoiler leur inconséquence chaque fois qu'ils tolèrent quelque forme de misère, d'injustice, de violence, d'exploitation, de racisme et de privation de liberté. L'eucharistie convoque les chrétiens à participer à la restauration continue de la condition humaine et de la situation du monde, à défaut de quoi ils sont sérieusement invités à la conversion pour vivre l'appel de l'Évangile : « Laisse là ton offrande devant l'autel, et va d'abord te réconcilier avec ton frère ; puis reviens, et alors présente ton offrande » (Mt 5,23-24).

La situation actuelle du monde interpelle en particulier la conscience des chrétiens face au lancinant problème du respect de la vie humaine depuis le moment de sa conception jusqu'à son terme, de même que celui de la faim et de la misère des masses. Elle les invite à une globalisation de la solidarité au nom de la dignité inaliénable de la personne humaine, surtout quand des êtres sans défense sont frappés par des catastrophes naturelles, broyés par les aveugles machines de guerre et d'exploitation économique et confinés dans des camps de réfugiés. Tous ceux et celles que la misère a pour ainsi dire destitués de la condition d'êtres humains sont le prochain pour qui le Christ est mort. Son cœur « eucharistique » a assumé d'avance toutes les misères du monde à la croix et son Esprit nous presse de prendre parti comme lui, pacifiquement et efficacement, pour les pauvres et pour les victimes innocentes.

À la suite de Jean-Paul II, le pape Benoît XVI ne cesse d'en appeler à la responsabilité des humains, en particulier à celle des dirigeants et des chefs d'État : « Sur la base des données statistiques disponibles, on peut affirmer que moins de la moitié des sommes immenses qui sont destinées globalement aux armements seraient plus que suffisantes pour sauver de l'indigence d'une façon stable l'armée innombrable des pauvres. La conscience humaine en est interpellée.

« Aux populations qui vivent sous le seuil de pauvreté, à cause de situations dépendantes des rapports politiques, commerciaux et culturels internationaux, plutôt que de circonstances incontrôlables, notre engagement commun pour la vérité peut et doit donner une nouvelle espérance [37]. »

« Nous savons cependant que le mal n'a pas le dernier mot, a-t-il repris avec force dans son message de Pâques, car le vainqueur est le Christ crucifié et ressuscité, et son triomphe se manifeste avec la force de l'amour miséricordieux. Sa résurrection nous donne cette certitude : malgré toute l'obscurité que l'on trouve dans le monde, le mal n'a pas le dernier mot.

---

37. Benoît XVI, *Discours au Corps diplomatique accrédité près le Saint-Siège*, 9 janvier 2006.

Soutenus par cette certitude, nous pourrons nous engager avec plus de courage et d'enthousiasme afin que naisse un monde plus juste [38]. »

VI- Témoins de l'eucharistie au cœur du monde

A. L'appel universel à la sainteté

Appelés à la perfection de l'amour

« Dieu a créé l'homme à son image et selon sa ressemblance (Gn 1,26s) : en l'appelant à l'existence *par amour*, il l'appelle en même temps *à l'amour* [39]. » Les vocations à l'amour sont aussi diverses qu'il y a de personnes. La grâce baptismale leur confère la forme d'amour de Jésus Christ que le mystère eucharistique nourrit et perfectionne jusqu'au témoignage de la sainteté. Quel que soit l'état de vie, célibataire, marié ou consacré, dans lequel l'homme et la femme sont engagés, tous sont appelés à la perfection de l'amour que le Christ rend possible par la grâce de la rédemption.

Dans l'unité de la vie chrétienne, les différentes vocations sont comme les rayons de l'unique lumière du Christ « qui resplendit sur le visage de l'Église ».

---

38. Benoît XVI, *Allocution au cours de l'Audience générale*, 12 avril 2006.

39. Jean-Paul II, Exhortation apostolique *Familiaris Consortio*, n. 11.

Les *laïcs,* en vertu du caractère séculier de leur vocation, reflètent le mystère du Verbe incarné, surtout en ce qu'il est *l'Alpha* et *l'Oméga* du monde, fondement et mesure de la valeur de toutes les réalités créées. Les *ministres sacrés,* de leur côté, sont de vivantes images du Christ, chef et pasteur, qui guide son peuple dans le temps du «déjà là et du pas encore», en attendant sa venue dans la gloire. *La vie consacrée* a le devoir de montrer le Fils de Dieu fait homme comme le terme eschatologique vers lequel tout tend, la splendeur en face de laquelle pâlit toute autre lumière, la beauté infinie qui peut seule combler le cœur de l'être humain.

Corps livré, sang versé, le Christ scelle la famille chrétienne

B) La famille, *Église domestique,* pour une civilisation de l'amour

«L'Eucharistie est la source même du mariage chrétien. Le sacrifice eucharistique, en effet, représente l'alliance d'amour entre le Christ et l'Église, en tant qu'elle a été scellée par le sang de sa croix. C'est dans ce sacrifice de la nouvelle et éternelle Alliance que les époux chrétiens trouvent la source jaillissante qui modèle intérieurement et vivifie constamment leur alliance conjugale. En tant que représentation du sacrifice d'amour du Christ pour l'Église, l'eucharistie est source de charité. Et dans le don eucharistique de la charité, la famille chrétienne trouve le

fondement et l'âme de sa ‹communion› et de sa
‹mission›: le Pain eucharistique fait des différents
membres de la communauté familiale un seul corps,
une manifestation et une participation à la vaste
unité de l'Église; d'autre part, sa participation au
Corps ‹livré› et au Sang ‹versé› du Christ devient
pour la famille chrétienne une source inépuisable de
dynamisme missionnaire et apostolique [40]. »

La mission spécifique de la famille est d'incarner
l'amour et de le mettre au service de la société. Amour
conjugal, amour paternel et maternel, amour fraternel, amour d'une communauté de personnes et de
générations, amour vécu sous le signe de la fidélité et
de la fécondité du couple pour une civilisation de
l'amour et de la vie. Afin que ce témoignage touche
concrètement la vie de la société, l'Église appelle la
famille à fréquenter assidûment la messe dominicale.
Car c'est en puisant à cette source de l'amour que la
famille protégera sa propre stabilité. De plus, en affer-
missant ainsi sa conscience d'être *Église domestique*,
elle participera plus activement au témoignage de foi
et d'amour que l'Église incarne au cœur de la société.

Ce témoignage de l'Église domestique est marqué
de nos jours du signe de la croix, par exemple lorsqu'un des conjoints est infidèle à son engagement ou

---

40. Jean-Paul II, Exhortation apostolique *Familiaris Consortio*, n. 57.

lorsqu'un ou plusieurs enfants délaissent la foi et les valeurs chrétiennes que les parents se sont efforcés de leur transmettre, ou encore lorsque des familles sont divisées et recomposées à la suite d'un divorce et d'un remariage. À travers ces expériences douloureuses, le Christ n'appelle-t-il pas le conjoint délaissé, les enfants blessés et les parents meurtris à participer d'une façon spéciale à sa propre expérience de mort et de résurrection ? Les situations difficiles et complexes des familles d'aujourd'hui invitent les pasteurs à beaucoup de « charité pastorale » afin d'accueillir toutes les familles et d'encourager tous ceux et celles qui vivent des situations irrégulières à participer à l'eucharistie et à la vie de la communauté, même quand ils ne peuvent pas recevoir la sainte communion.

Vie consacrée : ma vocation, c'est l'amour

C. La vie consacrée, gage d'espérance face à l'Époux

« De par sa nature, l'eucharistie est au centre de la vie consacrée, personnelle et communautaire. Elle est le viatique quotidien et la *source de la spiritualité des personnes et des Instituts*. En elle, tout consacré est appelé à vivre le mystère pascal du Christ, s'unissant à lui dans l'offrande de sa vie au Père par l'Esprit. L'adoration assidue et prolongée du Christ présent dans l'eucharistie permet en quelque manière de revivre l'expérience de Pierre à la Transfiguration :

« Il est heureux que nous soyons ici. » Et, dans la célébration du mystère du Corps et du Sang du Seigneur, s'affermissent et progressent l'unité et la charité de ceux qui ont consacré à Dieu leur existence [41]. »

« ‹ Qu'en serait-il du monde, s'il n'y avait les consacrés ? › Au-delà des estimations superficielles en fonction de l'utilité, la vie consacrée est importante précisément parce qu'elle est *surabondance de gratuité et d'amour,* et elle l'est d'autant plus que ce monde risque d'être étouffé par le tourbillon de l'éphémère. ‹ Sans ce signe concret, la charité de l'ensemble de l'Église risquerait de se refroidir, le paradoxe salvifique de l'Évangile de s'émousser, le " sel " de la foi de se diluer dans un monde en voie de sécularisation. › La vie de l'Église et la société elle-même ont besoin de personnes capables de se consacrer totalement à Dieu et aux autres pour l'amour de Dieu [42] ».

« Quand je parlerais les langues des hommes et des anges, si je n'ai pas la charité, je ne suis rien. [...] La charité ne passe jamais [...] Maintenant demeurent foi, espérance et charité, ces trois choses, mais la plus grande d'entre elles, c'est la charité » (1 Co 13,1.8.13). Thérèse de l'Enfant Jésus, au fond de son Carmel, a

---

41. Jean-Paul II, Exhortation apostolique *Vita consecrata*, n. 95.
42. *Ibid.*, n. 105.

découvert sa vocation en lisant la parole de l'apôtre sur l'excellence de la charité. «Ma vocation c'est l'amour», s'écria-t-elle, «Dans le cœur de l'Église, ma Mère, je serai l'amour, et ainsi je serai tout.»

Saisie par l'amour miséricordieux du Dieu Père, elle profita de chaque instant de sa vie pour étreindre Jésus, son Tout, et pour en témoigner par la contemplation et le service. Priant pour les criminels, marchant pour les missionnaires, soutenant les prêtres par la pénitence, formant ses novices à la perfection de l'amour, Thérèse est reconnue comme l'icône moderne de la vie consacrée: maîtresse de la voie d'enfance spirituelle, patronne universelle des missions, docteur de l'Église. «Je ne me repens pas de m'être livrée à l'Amour», disait-elle à la fin.

Le synode sur l'eucharistie d'octobre 2005 a parlé ainsi aux personnes consacrées: «Votre témoignage eucharistique à la suite du Christ est un cri d'amour dans la nuit du monde, un écho du *Stabat Mater* et du *Magnificat*. Que la femme eucharistique par excellence, couronnée d'étoiles et immensément féconde, la Vierge de l'Assomption et de l'Immaculée Conception, vous garde au service de Dieu et des pauvres, dans la joie de Pâques, pour l'espérance du monde[43].»

---

43. Synode sur l'Eucharistie, *Message des évêques au Peuple de Dieu*, n. 20, 21 octobre 2005.

Dieu a tant aimé le monde

En guise de conclusion, quelques textes du concile Vatican II reprendront synthétiquement la perspective trinitaire, nuptiale et missionnaire que nous avons voulu donner au thème du Congrès eucharistique international de 2008. Dieu a tant aimé le monde qu'il a donné son Fils unique afin que par lui, avec lui et en lui, le monde vive de la Vie trinitaire. La sainte eucharistie est le don de Dieu par excellence, un cadeau nuptial, accueilli et célébré en Église et qui fait de l'Église le sacrement universel de la nouvelle alliance. Ce don d'amour engage essentiellement l'Église dans la mission de l'Esprit Saint, à la rencontre de l'aspiration universelle de l'humanité à la liberté dans l'amour.

« Le Verbe de Dieu, par qui tout a été fait, s'est lui-même fait chair et est venu habiter la terre des hommes (Jn 1,3.14). Homme parfait, il est entré dans l'histoire du monde, l'assumant et la récapitulant en lui (Ép 1,10). C'est lui qui nous révèle que ‹ Dieu est Charité › (1 Jn 4,8) et qui nous enseigne en même temps que la loi fondamentale de la perfection humaine et donc de la transformation du monde est le commandement nouveau de l'amour[44] ».

« Une fois accomplie l'œuvre que le Père avait donné à faire au Fils sur la terre (*cf.* Jn 17,4), l'Esprit Saint fut envoyé le jour de la Pentecôte, afin de sanctifier l'Église en permanence et qu'ainsi les croyants aient par le Christ, en un seul Esprit, accès auprès du Père (*cf.* Ép 2,18). Il est l'Esprit de vie, la source d'eau jaillissant jusqu'à la vie éternelle (*cf.* Jn 4,14; 7,38-39), par qui le Père vivifie les hommes, morts par suite du péché, jusqu'au moment où il rendra la vie dans le Christ à leurs corps mortels (*cf.* Rm. 8,10-11). [...] L'Esprit habite dans l'Église, il la rajeunit par la force de l'Évangile, il la rénove perpétuellement et la conduit enfin à l'union parfaite avec son Époux. Car l'Esprit et l'Épouse disent au Seigneur Jésus : ‹ Viens ! › (*cf.* Ap 22,17). Ainsi l'Église universelle apparaît-elle comme ‹ un peuple rassemblé dans l'unité du Père, du Fils et de l'Esprit Saint ›[45]. »

« Qu'elle aide le monde ou qu'elle reçoive de lui, l'Église tend vers un but unique : que vienne le règne de Dieu et que s'établisse le salut du genre humain. D'ailleurs, tout le bien que le peuple de Dieu, au

---

44. Vatican II, Constitution pastorale *Gaudium et Spes*, n. 38,1.

45. Vatican II, Constitution dogmatique *Lumen Gentium*, n. 4.

temps de son pèlerinage terrestre, peut procurer à la famille humaine, découle de cette réalité que l'Église est : ‹le sacrement universel du salut› manifestant et actualisant tout à la fois le mystère de l'amour de Dieu pour l'homme [46] ».

« Le Seigneur a laissé aux siens les arrhes de cette espérance et un aliment pour la route : le sacrement de la foi, dans lequel des éléments de la nature, cultivés par l'homme, sont changés en son corps et en son Sang glorieux. C'est le repas de la communion fraternelle, une anticipation du banquet céleste [47]. »

« Car la sainte eucharistie contient tout le trésor spirituel de l'Église, c'est-à-dire le Christ lui-même, lui notre Pâque, lui le pain vivant, lui dont la chair, vivifiée par l'Esprit Saint et vivifiante donne la vie aux hommes, les invitant et les conduisant à offrir, en union avec lui, leur propre vie, leur travail, toute la création [48]. »

---

46. Vatican II, Constitution pastorale *Gaudium et Spes*, n. 45,1.

47. *Ibid.*, 38, 2.

48. Vatican II, Décret sur la vie et le ministère des prêtres, *Presbyterorum Ordinis*, n. 5.

Bon Pasteur, pain véritable,

Jésus aie pitié de nous.

Nourris-nous, protège-nous

Fais-nous voir le bien suprême,

Dans la terre des vivants.

Toi qui sais et qui peux tout,

Toi notre nourriture d'ici-bas,

Prends-nous là-haut pour convives

Et pour héritiers à jamais dans la famille des saints [49].

---

49. Saint Thomas d'Aquin, Hymne eucharistique *Lauda Sion.*

TABLE DES MATIÈRES

MEMBRE DU GROUPE SCABRINI

Québec, Canada
2007